# ÉLOGE

## DE

## M. ROUX.

# ÉLOGE

## DE

## M. ROUX,

DOCTEUR-REGENT, ET PROFESSEUR DE
CHYMIE A LA FACULTÉ DE PARIS.

A AMSTERDAM;
Chez WETSTEINS.

M. DCC. LXXVII.

# ÉLOGE

## DE FEU M. ROUX.

*Non fumum ex fulgore, fed ex fumo dare lucem.*
HORAT. art. poëti.

AUgustin Roux, Docteur Régent &
Professeur de Chymie à la Faculté de
Médecine de Paris, naquit à Bordeaux
le 27 Janvier 1726.

Sa famille, originaire du Périgord,
étoit tombée de l'état d'une honnête
bourgeoisie dans une profession bornée
à la classe des métiers, mais assez voisine
d'une certaine éducation libérale pour
avoir donné des hommes rares aux lettres & aux sciences. Après que la philosophie & la religion ont pris des maîtres & des législateurs dans les atteliers

A

& les boutiques, quel homme de génie & de sens rougiroit d'avouer un tailleur pour son pere ? Les grands talents arrachent l'homme à l'obscurité de son berceau, comme aux ténebres de sa tombe ; & si c'est un bonheur de naître illustré ; quand on a su se faire un nom, il est glorieux de ne l'avoir point reçu.

M. Roux fut l'aîné de quatre garçons. Le second est resté à Bordeaux, dans la profession de son pere, où il vit avec aisance. Le troisieme que le premier avoit attiré lui-même à Paris, y mourut en 1755 d'une maladie convulsive, épuisé par les études & les veilles qu'il consacroit à la géométrie, science profonde & dévorante, qui mine ceux qui la creusent, mais pour laquelle il sembloit être né. Le quatrieme, qui avoit embrassé la chirurgie, est mort depuis deux ans dans nos colonies de l'Amérique. Ainsi le commerce & les arts, dispersent & consomment les hommes, depuis la découverte du nouveau monde.

M. Roux ne dût rien à la fortune,

beaucoup à la nature, & entr'autres avan-
tages rarement affortis , une mémoire
vafte avec un jugement très-fûr. Cependant, & c'eft ce qui produit les meilleurs
efprits, l'une de ces facultés étoit tellement fubordonnée à l'autre qu'il apprit
difficilement à lire , ne pouvant fans
doute rien favoir qu'il ne le comprît.
Son efprit rebelle aux méthodes & aux
formules des écoles , repouffoit toute
inftruction qui n'étoit pas bien digérée.
Ce fut peut-être un bonheur pour lui
d'être réduit à fe former lui-même. Il
fentit fes forces de bonne heure , & fut
les employer. On vouloit le retenir trop
long-temps à l'étude des premiers élémens du latin. A l'infu de fon maître ,
il alla fe préfenter au college des Jéfui-
tes , & répondit fi bien aux queftions
que lui fit le préfet, qu'il fut admis dans
les claffes fans autre recommandation
ni témoignage que ce premier examen.

Les grands obftacles couvent les grands
fuccès. Cet écolier eut tout à vaincre.
Son pere, foit inexpérience ou détreffe,

croyant d'ailleurs que le travail étoit un
affez bon maître, ne put ou ne voulut
lui procurer aucun de ces fecours qui
hâtent ou fecondent les progrès. Ni ré-
pétiteur, ni précepteur n'aiderent l'é-
tudiant, dès qu'il fût au college. Le père
s'obftina même à ne pas voir les Ré-
gents de fon fils, comme s'il eût efpéré
lui donner plus de reffort , en le laiffant
tout tirer de lui feul.

Ainfi M. Roux fit fes claffes fans autre
encouragement que le defir d'apprendre.
Je l'ai vu, moi qui me confole ici de fa
perte par ce foible honneur que je rends
à fa mémoire , je l'ai vu dans l'enfance,
( nous étions du même âge , ) allant au
college , les mains & les talons percés
d'engelures, fe traînant dans les rues de
Bordeaux , au milieu des neiges & des
glaces de l'hyver, dédaigné de fes com-
pagnons & négligé de fes maîtres , braver la rigueur des faifons & les rebuts
des hommes, qui ne voyoient encore en
lui que fa foibleffe fans preffentir fes
talens, cachés ou traverfés long-temps

par ſes ſouffrances. C'eſt à vous que ceci s'adreſſe, jeunes écoliers que la nature pouſſe aux ſciences malgré la fortune, qui marchez dans une carriere longue, laborieuſe, & couverte à l'entrée, d'épines & de larmes ; c'eſt pour vous ſurtout qu'on doit écrire la vie des hommes de lettres. Le monde eſt rempli de gens ingrats & dédaigneux, qui s'amuſent ou profitent quelquefois de nos travaux, ſans s'occuper de notre vie ou de notre mémoire. Liſez ces lignes, & prenez courage. Elevé, pour ainſi dire, dans l'abandon & dans l'oubli, M. Roux parvint à une réputation diſtinguée.

Ses humanités cependant ne l'annoncerent pas ce qu'il devoit être un jour; mais il ſe fit remarquer dès la philoſophie, même par ſon éloignement pour les formes ſcholaſtiques. C'eſt alors qu'aſſis par haſard ſur le même banc à côté de M. d'Arcet, ils ſe lierent du premier coup-d'œil pour le reſte de leur vie ; mais d'une amitié ſi pure & ſi conſtante, que malgré la différence des caracteres & la rivalité de talents, aucun nuage ne l'a troublée un feul inftant ; & leurs intérêts fe font tellement confondus avec leurs fentiments, qu'on ne fauroit dire lequel des deux a fait le plus ou le moins de facrifices à l'autre.

Le bon efprit de M. Roux fe manifefta par le goût qu'il prit pour la lecture de Locke, & fur-tout pour l'étude des ma-thématiques. Il s'y livra fous les leçons de M. Théfis, profeffeur au college de Guienne, qui, le diftinguant bientôt de la foule, l'honora d'une tendre affection. Les progrès de l'écolier, l'eftime fingu-liere & la reconnoiffance qu'il conferva toujours pour fon guide, vengent affez ce mathematicien de l'oubli où meurent fes pareils dans les provinces reculées de la capitale ; oubli honteux & flétrif-fant pour ces villes de commerce où l'on ne cultive la géométrie que pour j'arpentage, & la fcience du calcul que pour les comptoirs.

Au fortir de la philofophie, où M. Roux apprit dans l'étude de quelque mauvais syſtéme, à les oublier tous pour obſerver la nature, ſon pere lui déclara qu'il devoit ſe réſigner à faire ſon cours de théologie, afin de ſe conſacrer à l'état eccléſiaſtique. C'eſt la premiere vocation que prennent les peres pour leurs enfans dans les conditions les moins aiſées, ſur-tout en nos pays méridionaux. La religion & la pauvreté concourent à ce ſacrifice. Le jeune philoſophe avoit un oncle, Curé de campagne; il alla paſſer les vacances chez cet eccléſiaſtique. Il y employa ce temps de loiſir à lire l'Ecriture-Sainte & l'hiſtoire de l'Égliſe. De retour à Bordeaux, il communiqua le fruit de ſes lectures à un Jéſuite, profeſſeur de philoſophie, homme d'un mérite ſupérieur. Celui-ci fut ſi ſurpris des queſtions & des objections de ce jeune aſpirant qu'il lui conſeilla de ne point étudier en théologie; parce que le doute, la meilleure diſpoſition de l'ame pour la recherche des vérités naturelles, eſt peut-être la plus mauvaiſe pour les dogmes de la Foi. L'écolier alla donc dire

A 4

à son pere qu'il se sentoit appellé par
la nature à la médecine , & non au sacer-
doce.

Le pere lui répondit que pour le premier de ces deux états , il falloit une
sorte de fortune , avant d'y parvenir à
la pratique qui procure quelquefois l'o-
pulence avec la célébrité ; au lieu que
l'Église étoit un champ où l'on trouvoit
toujours la subsistance , sans beaucoup de
frais ou d'avances de culture. Le fils
par déférence , ou par timidité , parut
d'abord céder à l'inflexible résolution de
son pere : mais avec le peu d'argent
qu'on lui donnoit uniquement pour les
études préliminaires à la prêtrise , il n'a-
chetoit en secret que des livres de médecine. On s'en apperçut , & tout se-
cours lui fut retranché.

Que fit l'étudiant ? Il emprunta de ses
amis les livres de la science qu'il aimoit
de passion, les copia de sa main , fit relier
ces manuscrits , & en forma sa premiere
bibliotheque. Avec ces ressources de son
industrie , il parvint à s'initier dans les

élémens de la profeſſion qu'il avoit choi-
ſie, au point de répéter chez lui à ſes
condiſciples les leçons des écoles publiques, devenu, pour ainſi dire, maître
auſſi-tôt qu'écolier. Ce n'eſt pas tout.
Pour arriver à l'anatomie, il commença
par ſes fondemens, l'oſtéologie ; & faute
d'autres moyens, il entra dans une eſpece
de charnier, où il prit des oſſemens dont
il refit un ſquelette. La nature pour être
connue veut quelquefois être forcée.
A la premiere diſſection où il aſſiſta, on
fut obligé de l'emporter évanoui ſans connoiſſance ; & cette foibleſſe témoigna peut-
être que le goût d'une ſcience effrayante
ou rebutante pour des ſens délicats, te-
noit dans ſon cœur à l'amour de l'humanité. L'aſpect d'une plaie fait horreur ;
mais elle perd ce qu'elle a de hideux aux
yeux de celui qui la guérit.

Un des Maîtres de M. Roux, & ſon
guide dans l'étude & la pratique de la
médecine, fut M. Grégoire, homme
preſqu'auſſi redouté des malades pour
ſon humeur bruſque & tranchante, qu'ad-

miré des étudians pour fon excellente latinité, cher & vénérable à fa Patrie par la mémoire de fes talents, & digne d'une grande célébrité qu'il auroit acquife s'il avoit travaillé à Paris, où fans doute il eût laiffé des écrits. Cet habile médecin, rempli de la doctrine des meilleurs auteurs, foit anciens ou modernes, qu'il pouvoit égaler, conduifit & dirigea le jeune Roux dans les hôpitaux de Bordeaux. M. Grégoire y fervoit par trimeftre, alternativement avec un autre médecin; mais il fe diftinguoit de fon collegue, en arrêtant ou chaffant la mortalité dans cinq ou fix jours de préfence. » Jamais, (a fouvent dit fon Éleve) » je n'ai vu perfonne d'une pratique » auffi fimple & plus heureufe que la » fienne «.

En 1750, l'étudiant fut reçu Docteur en médecine dans fa patrie, & fans les fecours de fes parens, mais un homme de mérite y fuppléa. Ce fut M. de Barbot, préfident à la Cour des Aides, retiré de bonne heure du cabinet des affaires à celui des sciences, l'un des membres les plus diſtingués de l'Académie de Bordeaux, recommandable à la république des lettres par la quantité conſidérable d'excellens livres dont il enrichit avant ſa mort la bibliotheque publique de ſa province, & par ſes liaiſons intimes avec le génie original de notre ſiecle, l'immortel Monteſquieu. Telle étoit la réputation de ſon eſprit & de ſon ſavoir que beaucoup de gens ont cru, du moins à Bordeaux, qu'il avoit eu la plus grande part aux Lettres perſannes; mais il m'a dit à moi-même qu'il n'y prétendoit que l'honneur de les avoir vû faire, & le plaiſir d'avoir pu les lire à meſure que l'auteur les écrivoit, ou les châtioit. Ajoutons à cet aveu modeſte que perſonne n'a dû donner plus de lumieres & de meilleurs conſeils, ſoit pour l'érudition ou pour le goût, au créateur de *l'Eſprit des Loix*, que M. le Préſident Barbot. Cet Eloge entre naturellement dans celui de M. Roux, qui s'honora juſqu'au dernier moment, des bienfaits de ce magiſtrat littérateur ; bienfaits d'autant plus eſſentiels , que les ayant reçus dans l'époque de ſes études la plus importante , ils lui avoient , pour ainſi dire , ouvert la carriere de la réputation qu'il a ſi bien méritée.

C'eſt dans la Capitale qu'il devoit l'acquérir. Mais comment s'y rendre ? L'amitié lui en procura les moyens , qu'il ne trouvoit point dans ſa famille. Son pere, qui pendant les trois ans d'un premier cours de médecine , n'avoit pourvu qu'à l'étroite ſubſiſtance qu'il ne pouvoit lui refuſer , loin de l'aider à faire le voyage où l'excitoit une émulation inſurmontable , ne voulut pas même recevoir ſes adieux. Le fils emprunta donc ſix cens livres , & muni de lettres de recommandation , il vint à Paris.

Dans cette Ville , compoſée à la fois de la lie & de l'élite de toutes les autres, rendez-vous de tous les vices & de tous les talents ; où la miſere des provinces vient reclamer la diſſipation de leur abondance , mais où la foule même re-

pouffe l'inconnu dans une effrayante folitude, mais où l'étranger court rifque de
devenir fauvage, s'il n'eft bientôt civi-
lifé jufqu'à la corruption; dans ce cahos,
où toutes les ambitions, les befoins; les
travaux, les peines & les jouiffances fe
combattent & fe confondent, le jeune
Roux, pouffé loin de fa famille par la
néceffité de parvenir ou de ramper, ne
trouva pour amis que de jeunes gens, la
plupart preffés comme lui de la détreffe & de l'émulation qui tourmentent
certaines ames fieres, nées dans l'obfcurité, mais pour en fortir, comme tant
d'autres naiffent dans la grandeur pour
en tomber. Le dégoût, l'ennui, la mé-
lancolie attendent à Paris le provincial
fans fortune; à moins que le libertinage
& l'intrigue ne le jettent du néant dans
un abîme. Que de talens échoués & per-
dus à ces deux écueils fi voifins l'un de
l'autre, l'indigence ou le défordre! M.
Roux eut la force & le bonheur de
les éviter, d'abord par une étude obf-
tinée.

Péu de temps après son arrivée, il fut chargé d'une éducation ; heureux à l'âge où l'on perd les mœurs, de s'être obligé d'en inspirer. Ce fut M. de Montesquieu qui le plaça. Quelque honneur qu'on se fit de recevoir un instituteur de la main d'un si grand maître, on objecta cependant l'inexpérience d'un jeune homme, qui, récemment sorti de sa province, n'avoit encore pris soin d'aucune éducation. *Eh ! Je le crois bien,* répondit l'Auteur de l'Esprit des Loix, *M. Roux n'est pas un homme qui doive faire deux fois ce métier.* A ce mot, on se hâta de le prendre, & il le justifia. Sa gloire & son premier éloge, c'est d'avoir formé M. d'Héricourt, aujourd'hui Conseiller au Parlement, homme rempli des meilleures connoissances & des vertus les plus solides, citoyen modeste & magistrat patriote.

Veut-on connoître à la fois l'habilité du maître, les progrès du disciple, & le mérite de l'instruction ? Qu'on jette un coup-d'œil sur *l'Encyclopédie porta-*

*tive*, ouvrage anonyme de M. Roux, le fruit & le plan des leçons qu'il a données à M. d'Héricourt. Ce seroit une erreur de regarder ce livre comme un abrégé, ou comme un simple extrait du grand Dictionnaire, si fameux par le nom de ses éditeurs & par le déchaînement de ses ennemis, plus nombreux encore que ses articles. L'auteur a puisé sans doute dans ce livre beaucoup de détails & de morceaux sur les matieres dont il n'avoit pas fait sa principale étude. Mais le choix, la rédaction, & sur - tout l'ordre & la méthode qui distinguent ce précis des connoissances humaines, lui assurent le mérite d'un ouvrage élémentaire à l'usage de la jeunesse, ou plutôt des instituteurs : car chaque éducation devroit être une petite Encyclopédie ; c'est-à-dire, renfermer les notions principales de toutes les sciences.

Si l'on posoit une vérité fondamentale bien établie, on en verroit sortir comme d'un point central toutes les vérités qui concourent à former l'esprit humain, ou

l'homme focial. Ces divers rayons s'é-
tendroient plus ou moins, felon la grandeur du cercle. D'abord il ne fauroit
être trop petit. Les rayons en feroient
courts & peu nombreux. On les fuivroit
l'un après l'autre ; & peut-être ne tarde-
roit-on pas à voir celui qui conviendroit
le mieux à chaque efprit. Alors l'inftituteur traceroit un nouveau cercle , dont
les rayons feroient autant de branches de
la fcience à laquelle fon éleve auroit été
deftiné par la nature. Il en eft des fciences
comme de la matiere univerfelle , ou
chaque point peut devenir un centre. Du
milieu d'un jardin champêtre , je vou-
drois faire parcourir à mon enfant, dans
nos promenades académiques, le monde
des chofes & des idées. Là je tracerois
à fes yeux & dans fon efprit, un rayon
d'agriculture, un rayon de géométrie,
un d'aftronomie, un de géographie,
un d'hiftoire naturelle , un d'hiftoire
fociale ou civile; & fa raifon fe forme-
roit de tout ce que fes fens ou fa mémoire auroient recueilli.

Ce

( 17 )

Ce que je dis ici , M. Roux l'à fait
dans fon Encyclopédie portative. Il pré-
fente d'abord à fon éleve, ou à fon lecteur , la terre qu'il habite avec les êtres
phyfiques dont elle eft couverte , par-
tagés en trois Regnes qu'il lui développe
dans une certaine étendue , d'après fes
propres connoiffances. De-là il jette un
coup-d'œil dans le ciel pour y prendre
une idée du fyftême planétaire & de fon
influence fur notre globe. Après avoir
confidéré la terre en phyficien , en na-
turalifte ; il la vifite en géographe , &
montre ce monde tel que les hommes
l'ont arrangé dans leurs bouleverfemens
politiques. Dès qu'il a parcouru cette
nomenclature des lieux ; il cherche l'u-
fage qu'on a fait des corps qui enrichif-
fent la furface de ce globe , & traite
des arts méchaniques qui fe font exer-
cés fur les matieres des trois Regnes, fe
bornant à la defcription des arts les plus
néceffaires à la vie, ou les plus curieux
pour l'invention.

Dès que l'éleve a meublé fa mémoire

B

d'affez d'objets & de faits, il apprend à faire travailler fon efprit fur les idées qu'il a recueillis par les fens ; & c'eft ce travail que l'auteur appelle les connoif-fances des corps acquifes par la réflexion. Ici commence l'étude des mathémati-ques pures. Quoique la géométrie ait quelque chofe de plus palpable pour les enfans, & qu'elle dût attirer leur curio-fité de préférence, cependant le befoin journalier de l'arithmétique, & fon utilité univerfelle qui ne tarde pas à fe faire fentir, engagent l'Encyclopédifte à débuter par la fcience du calcul, d'au-tant qu'il fémble encore plus aifé de compter les corps que de les mefurer, & que les mefures elles-mêmes font nom-brables.

Après les eonfidérations de la quan-tité & de l'étendue, vient celle du mou-vement, premiere modification de la matiere, d'où découlent toutes les Loix de fon action. C'eft la place d'un petit traité de méchanique. Au refte, les dé-finitions du mouvement, de l'étendue,

des nombres & de l'unité, font très-fim-
ples dans cet ouvrage; & l'auteur les
donne pour neuves.

La connoiſſance de l'univers mene à
la recherche de ſa cauſe, ou de ſon Auteur. Ce principe inviſible de l'action générale de la matiere en fait ſuppoſer un,
également impalpable, dans le corps humain. De - là les idées de Dieu & de
l'ame. A l'ame appartiennent l'invention
& la compoſition de toutes les idées in-
tellectuelles, les formes du raiſonne-
ment, & la communication des ſenti-
mens; car toute idée eſt ce qu'on ſent.
Ainſi de la phyſique, émanent & s'en-
gendrent la métaphyſique, la logique
& la grammaire. Avec ces inſtrumens,
l'ame ſe crée des plaiſirs & des jouiſſan-
ces, c'eſt-à-dire, tous les arts de l'imagination: l'éloquence, nouveau pouvoir
de l'homme ſur l'homme; la poéſie qui
étant l'empire de l'éloquence; la muſique qui donne à tous les accents de la
nature, à tous les ſons de la parole un
charme plus touchant; la déclamation

qui fait valoir la poéſie & l'éloquence ;
la danſe qui, ſoumiſe à la muſique, lui
rend toute l'influence qu'elle en reçoit ; ces
différens arts nés enſemble, ou les uns
des autres, vont à l'ame par l'oreille.

D'autres Arts, également enfans de l'i-
magination, attachent l'ame par les yeux ;
tels ſont les trois arts du deſſin. L'architecture d'abord ordonnée par le be-
ſoin, marche au luxe de ſenſualité par
celui de commodité ; demande la grandeur pour flatter l'orgueil de l'opulen-
ce, & la ſymmétrie pour la facilité des
communications. La ſculpture, premier
ornement de l'architecture, déïfia les
hommes, vivifia les temples, décora
les palais, embellit & peupla les jardins.
La peinture inventée par l'amour & la
crainte, par toutes les eſpeces d'idolâ-
trie naturelles à l'eſprit humain, trouva
tous les moyens d'y perpétuer les im-
preſſions les plus agréables ou les plus
terribles, de l'enchanter par des phan-
tômes ou des images qui captivent ſon

admiration ou fa ftupidité, qui réveille
toutes fes paffions dominantes.

Voilà des arts phyfiques où le génie
aide la main, où l'ame & les fens fe prê-
tent un mutuel accord de leurs facultés.
Quoiqu'ils foient poftérieurs à d'autres
inventions plus effentielles, l'analyfe
les place avant les premiers arts de la
police fociale, foit à caufe de la liaifon
que l'imagination femble avoir mife entre les arts analogues ou fimultanés
qu'elle crée; foit que l'organifation les
produife d'elle-même dans l'homme ifolé;
puifqu'il pourroit abfolument, finon
parler, du moins raifonner, exprimer
de la voix ou du gefte fes fenfations,
chanter, danfer, bâtir même, fculpter
& peindre, en un mot, fe repréfenter
au dehors d'une maniere fugitive ou du-
rable, dans la folitude d'un état fauvage.
Mais, confidéré dans la fociété, l'homme
a d'autres befoins, d'autres rapports, de
nouveaux devoirs, de nouveaux fyftêmes
d'idées

Le premier nœud de l'ordre focial,

eſt la morale, antérieure à toutes les loix dont elle fait la baſe. L'abrégé de la loi naturelle, & le ſommaire de la morale, c'eſt la juſtice qui conſiſte à ne jamais nuire, & dès-lors conduit à l'amour du prochain, à l'humanité. Ce principe enfanta toutes les eſpeces de droit, naturel, public & civil. De-là trois ſciences que M. Roux traite avec plus ou moins d'étendue, ſelon le degré de leur importance & de cet intérêt qui peut y attacher l'attention d'un jeune homme. L'auteur montre dans ce chapitre, l'un des meilleurs de ſon ouvrage, cet eſprit de juſteſſe qui ſçait admirablement claſſer les devoirs de la juſtice, & les renforcer tous par la mutuelle dépendance qu'il y fait appercevoir.

Après avoir établi les rapports & les lieux moraux de la ſociété, on en démontre la nature & la néceſſité par les faits; & c'eſt ici que vient l'étude de l'hiſtoire, ſi déſolante pour la jeuneſſe qui aime à croire au bonheur, à la bonté de l'homme ; mais du moins confolante pour la vieilleffe qui doit y apprendre à ne pas regretter la vie.

C'en eft affez pour faire connoître la marche & la méthode d'un inftituteur qui peut fervir de guide à beaucoup d'autres. La préface de fon ouvrage indiquera le refte aux lecteurs de fon éloge. L'auteur devoit y ajouter un troifieme volume : mais d'autres occupations ont interrompu l'exécution de ce projet, que la mort vient d'anéantir. Un dernier mot dira plus qu'une page. M. Roux a fait lui feul un livre que peu de gens font capables d'entendre tout entier ; & cet Éloge eft celui du difciple pour lequel on a compofé une rédaction utile à tant de perfonnes.

C'eft par cet ouvrage qu'on peut apprécier l'univerfalité des connoiffances & la folidité de jugement qui caractériferent M. Roux ; mais fur-tout cet efprit de méthode qui, rangeant dans fa tête chaque chofe à fa place, les y lioit toutes par un fil plus fenfible que ne l'eft à nos yeux la chaîne générale des êtres ; heureufe trempe d'un efprit qui fe rendoit préfent à plufieurs objets à la fois ! il n'avoit qu'à fe replier & tourner autour de lui-même , pour achever & montrer le cercle des fciences en un coup - dœil : ainfi la terre tournant en filence fur fon axe , fait jouir tous fes habitans en un jour de la lumiere du Soleil.

Pour mieux approfondir certains genres de connoiffances , M. Roux apprit l'anglois , qu'on pourroit appeller la premiere langue de la nouvelle phyfique & de nos fciences modernes. Des gens de lettres lui confeillerent de l'étudier. C'étoit un moyen de contribuer à la propagation des lumieres , en facilitant la communication des idées , & de fubvenir à fes befoins par le débit de fes traductions. Il fe livra fans relâche à cette étude ; & dans l'efpace de fix mois, il fut en état de coopérer à la traduction des *Tranfactions philofophiques* ;

Ouvrage

ouvrage qui demandoit pour être traduit l'intelligence des matieres fcientifiques, encore plus que celle des mots.

C'eft beaucoup pour un littérateur que de bien traduire ; c'eft peu pour un favant, s'il n'ajoute de fes propres connoiffances à celles qu'il tranfmet par la traduction. M. Roux, dans celle qu'il publia d'un *effay fur les vertus de l'eau de chaux pour la guérifon de la pierre*, fe montra le digne émule du docteur Robert Whytt, auteur de cet ouvrage. Il enrichit les découvertes du phyficien anglois de fes recherches chymiques fur l'eau de chaux. Dans ce morceau qui n'appartient qu'à lui feul, on voit qu'il a découvert le premier la nature de la croûte fpontanée dont fe couvre l'eau de chaux, expofée à l'air libre. C'eft une portion de la terre de la chaux, qui ceffe d'être foluble dans l'eau. Si l'on précipite l'eau de chaux avec du fel de tartre bien pur, elle ne laiffera, après fon évaporation, qu'un alkali fixe. Cet alkali fans doute eft

plus cauſtique qu'avant l'emploi du ſel
de tartre ; mais ce n'eſt point un ſel ſé-
léniteux , & l'on n'y découvre aucune
trace de tartre vitriolé.

Ceux qui connoiſſent l'importance des
petites découvertes ſur les grands objets,
& la conſéquence des moindres erreurs
dans la nature des corps qui tiennent
aux matieres médicales , verront avec
plaiſir ce premier eſſai d'un jeune chymiſte , qui ne touchoit , pour ainſi dire,
à aucun élément des ſciences , ſans l'é-
purer ou ſans en étendre l'énergie. Ainſi
l'analyſte a conjecturé de ſes expériences ſur l'eau de chaux , que la vertu
qu'on attribue à ce mixte de diſſoudre
la pierre , provient de ce qu'elle y dé-
compoſe un ſel ammoniac & qu'elle
agit ſur une huile, contenus l'un & l'autre dans la pierre. Ainſi le chymiſte
médecin indique un moyen de perfectionner l'inſtrument du docteur *Whytt*,
pour injecter l'eau de chaux dans le
foyer de la pierre.

Si ces expériences n'étoient pas une

analyſe complette de l'eau de chaux, du moins en y acheminant, elles annonçoient au public que l'éleve de feu M. Rouelle devoit être un jour le propagateur de ſa doctrine ; & peut-être dira-t-on de ces deux chymiſtes que l'un étoit né pour créer la lumiere, & l'autre pour la répandre : car, à l'exemple des panégyriſtes, il ne faut point ici pour élever l'homme qu'on loue, rabaiſſer tous ceux dont on le rapproche. M. Roux ajoutoit à la gloire d'être un des plus ſçavans appréciateurs de M. Rouelle, la modeſtie de ne vouloir paroître que ſon diſciple, & mettoit plus d'orgueil à le défendre que d'autres à l'attaquer.

Après l'*eſſai ſur les vertus de l'eau de chaux*, M. Roux publia ſes *recherches hiſtoriques & critiques ſur les différens moyens qu'on avoit employés juſqu'alors* ( 1758 ) *pour réfroidir les liqueurs*.

C'eſt un excellent morceau de bonne phyſique, éclairée par la chymie. On y voit que les Orientaux quoique peu

physiciens par l'étude, sont quelquefois
nos maîtres dans les sciences comme
dans les arts , par une expérience pratique & journaliere , dont leur climat
leur fait un besoin. C'est en Perse, en
Arabie, dans le Mogol & dans l'Inde ,
qu'on a trouvé le secret très-naturel de
rafraîchir les liqueurs dans les temps les
plus chauds , par les moyens les plus
simples. Le négociant Chardin & le
médecin Bernier en ont appris sur cette
matiere ; dans leurs voyages à Ispahan
& à Dehli, plus que les philosophes &
les naturalistes n'en avoient su jusqu'a-
lors. Les peuples de l'Orient, que nous
appellons trop légérement barbares ,
parce qu'ils n'étudient point ce que la
nature leur a enseigné, ou ne pratiquent
point ce dont elle les a dispensés, avoient
même avant nous certains moyens ar-
tificiels de réfroidir les liquides. L'apparence fait conjecturer, dit M. Roux, que
l'Europe a tiré ces moyens chymiques
de l'Egypte ou de la Perse; puisque nos
premiers physiciens en parlent toujours

comme d'un ufage établi, non comme d'une expérience imaginée. Après le Chancelier Bacon & le Jéfuite Kircher, qui rapportent, l'un à l'art de faire des glaces comeftibles l'ufage de méler du fel avec la glace naturelle, l'autre à l'ufage de jeter du nitre dans l'eau l'art de la rafraîchir jufqu'à la glace après ces deux favans, Boyle tenta une fuite d'expériences fur cette matiere, guidé par la pratique depuis long-temps ufitée en Italie.

Il fit obferver que le fel fond la glace & la neige, avant de coopérer avec ces fubftances au réfroidiffement des liqueurs. Il découvrit que prefque tous les fels mêlés à la neige glacent les liqueurs & les fruits; mais que les fels qui n'accélerent point la fonte de la neige, ne produifent point de glace. Sa théorie expérimentale eft le premier corps de doctrine en ce genre, & depuis on n'y a guere ajouté. Ni Mrs. Geoffroy, ni M. de Mairan, n'ont enrichi cette partie de la phyfique, quoiqu'ils en aient con-

firmé les faits par leurs expériences.
Farenheit, par un mélange d'esprit de
sel avec de la glace pilée, a fait descen-
dre de quarante degrés la liqueur de son
thermométre ; expérience la plus sur-
prenante qu'on ait faite sur cette matiere,
dit M. Roux, mais qu'on pouvoit dé-
duire de la méthode de Boyle. La réputation de Muschenbrock n'en impose pas
à M. Roux, qui le déclare un très-mau-
vais guide en physique expérimentale.
M. de Réaumur est le seul qui paroisse
avoir étendu les limites de l'expérience
sur la matiere du froid, en allant plus
loin que Boyle, mais sans avoir l'attention
de le citer lorsqu'il l'a copié. M. Roux fait
un semblable reproche à M. Baumé,
qui devant connoître les expériences de
M. Cullen, professeur en médecine à
Glascow, a oublié d'en faire mention,
quoi qu'il n'ait pu les avoir répétées qu'a-
près le docteur écossois. Tel est le précis de ces recherches qui ne sont elles-
mêmes qu'un exposé fidele, mais supé-

rieurement travaillé, des meilleurs écrits
fur une matiere intéreffante & curieufe.

Ces ouvrages de M. Roux l'avoient
affez fait connoître pour l'enhardir à
rechercher le doctorat en médecine, à
la Faculté de Paris. Il emporta la premiere place des licenciés en 1760 ; &
fut reçu docteur cette même année avec
l'applaudiffement unanime de fes confreres. L'un de fes plus redoutables com-
pétiteurs, M. Jeanroy, étoit dès-lors &
fut toujours un de fes meilleurs amis ;
tant le vrai mérite eft un nouveau lien
de fympathie entre les belles ames. M.
Roux avoit le bonheur d'en attirer à lui,
prefque fans y prétendre. Un homme
qui connoiffoit fes talens, l'honnêteté de
fon caractere, & fa mauvaife fortune, le
força d'accepter fix mille francs, pour
les frais de fa réception à la faculté de
la capitale. M. Roux a voulu fouvent
rembourfer cet emprunt ; mais le prê-
teur s'y eft long-temps oppofé, fous pré-
texte qu'il avoit moins befoin de cette
fomme que fon ami & , perfiftant dans la

générosité de ce refus, jusqu’à gêner la délicatesse de l’obligé. Celui-ci n’a pu s’acquitter qu’en faisant une sorte de violence à son créancier, qui éludoit les instances du débiteur ; l’un & l’autre ayant, pour ainsi dire, changé de rôle, & luttant ensemble avec cette noblesse de procédés qui n’appartient qu’au commerce de l’amitié. Cet honorable bienfaicteur, est M. de Mazel. Puissent tous les secrets de cette espece être révélés, pour l’apologie des lettres & de l’humanité !

Il est pourtant des hommes de ce caractere, qu’on ne peut pas nommer sans attenter à la jouissance de leurs vertus, des ames dont la bienfaisance est la volupté secrette & qui se remplissent intérieurement du bonheur qu’elles répandent. Un de ces hommes rares, qui cherchent toujours dans leur fortune où leur crédit, à servir les gens de bien utiles à la société par des talens, crut obliger M. Roux d’une maniere propre à le distinguer, s’il lui procuroit un moyen de mériter ce qu'il vouloit gagner. Dans cette intention, il le fit connoître aux directeurs de la manufacture des glaces de St. Gobin.

Cette Compagnie, malgré la supériorité de ses ouvrages & la vogue de leur débit, soit profusion des matieres, soit mauvaise économie des procédés de l'art, souffroit des pertes considérables. M. Roux attaché à cette manufacture par des honoraires suffisans à sa frugalité, découvrit bientôt la félure par où la liqueur échappoit du vase. Le salin étoit cher ; on le prodiguoit. Il enseigna le secret de le purifier ; il montra le moyen d'en tirer plus d'utilité & d'en perdre moins. Ensuite il s'occupa de la perfection du verre. Cet objet demandoit de nombreuses expériences. Il les tenta dans un petit fourneau qu'il fit construire aux atteliers du fauxbourg St. Antoine à Paris. Pour savoir si l'on devoit admettre ou rejetter ses nouveaux procédés, il eût fallu les éprouver en grand, dans les fourneaux mêmes de St. Gobin,

Le chymiste le souhaitoit. Mais la compagnie, arrêtée peut-être par l'incertitude du produit comparée à la certitude de la dépense, par ces conseils perfides ou timides que la jalousie ou la cupidité jettent à la traverse des courageuses tentatives, par ces mille petites considérations qui repoussent les grandes réformes ou les améliorations, cette compagnie, dis-je, ne voulut point hasarder des épreuves couteuses, & dès ce moment M. Roux n'eut plus la liberté d'aller à St. Gobin.

Cependant on lui permit, on le pria même de faire le voyage de Londres, pour s'instruire de quelques procédés des Anglois, dans la fabrication des glaces. Il en revint avec les éclaircissemens dont on avoit besoin, & de plus avec l'art de faire la feuille d'étain.

A son retour, il rendit un autre service à la compagnie dont il ménageoit les intérêts. Depuis long-temps on laissoit perdre à la Manufacture de St. Antoine, les *regrattures* de cette portion de feuille d'étain, qui excede les bords des glaces au fortir du tain. Il s'agiffoit de féparer le mercure & l'étain qui s'y trouvoient mêlés , afin de remettre en valeur les débris de ces deux fubftances métalliques. On propofa cette tentative à M. Roux. Il y réuffit avec tant de facilité que le manœuvre qui l'aidoit à cette opération , en fut bientôt affez pour s'en charger feul & fans guide. Un chymifte l'avoit effayé durant fon abfence , mais inutilement. Imitons ici la modération de M. Roux , & ne fcandalifons pas le public , en dévoilant ou rappellant de petites manœuvres qu'il ne voulut confier lui-même qu'à fes amis. Si tous les gens de lettres laiffoient ainfi dormir l'injure dans le fecret où elle s'eft cachée, tant de miférables libelles dont on empoifonne chaque fiecle, ne déroberoient pas de bons Ouvrages à la poftérité.

Dès que M. Roux put vivre fans exercer la Médecine, il ceffa de la pratiquer, l'eftimant trop ou trop peu pour en trafiquer. Content de mille écus qu'il retiroit par an de la manufacture des glaces, il ne vit plus comme Médecin que les pauvres ou ſes amis ; mais auſſi ne leur refuſa - t - il jamais les lumieres de ſon art. Fuyant la porte du riche pour la cabane de l'indigent , il ſe plaiſoit à ſe-courir l'habitant des campagnes , où il paſſoit les loiſirs de l'automne. M. d'Hé-ricourt l'a vu pendant un mois entier faire tous les jours deux lieues à pied malgré le froid & la pluie, pour viſiter matin & ſoir un pauvre payſan , juſqu'à ce qu'il l'eût ſauvé d'une maladie très-laborieuſe.

Mais s'il étoit prodigue de ſoins, il ne l'étoit pas de remédes ; les croyant d'autant plus efficaces qu'on y recouroit moins. Au reſte , quoique l'indifférence de pluſieurs hommes ſavans dans cet art, ait donné priſe aux ſarcaſmes de la ſatyre contre une profeſſion que la na-ture ſemble avoir, pour ainſi dire, en-racinée dans les fibres & les viſceres de l'homme , la philoſophie lui devra tou-jours infiniment, ne fût-ce que ſes meil-

leurs antidotes contre la plus forte mala-
ladie de l'efprit humain.

Un moyen s'offroit à M. Roux d'être
utile aux malades & aux médecins tout
à la fois. Le Journal de médecine vint
à vaquer en 1762. Peut - être crut- il
mieux fervir les hommes, en faifant un
Journal pour les médecins, qu'en exer-
çant la médecine pour fon profit. La
pratique en effet peut multiplier les
fautes de cet art ; un journal en corrige
les erreurs. Médecin, M. Roux eut gueri
des malades ; journalifte, il a pu guérir
ou redreffer des médecins. Déja fon talent pour les ouvrages périodiques s'é-
toit effayé dans les *Annales Typogra-*
*phiques*, qu'il rédigeoit depuis quatre
ou cinq ans ; ouvrage peu important
par fa forme, fon objet & fon volume,
mais utile à la librairie & même aux
favans,

Un journal fait pour les médecins,
demandoit un efprit fain, exact, métho-
dique, judicieux & d'une grande capa-

cité , mais fur-tout une ame impartiale jufqu'à haïr les partis , par amour de la fcience & des hommes. M. Roux avoit cet efprit & cette ame. Il l'a montré pendant quatorze ans dans fon journal. On y trouvera rarement le ton d'aigreur & de caufticité qui fait le fel de ces fortes d'ouvrages, pour la malignité des efprits lâches , vuides, oififs , & malheureux des talens d'autrui comme de leur propre impuiffance. Dans le journal de médecine , où M. Roux a mis des foins , tout eft raffemblé , rédigé, difcuté pour le foulagement de l'efpece humaine , qui eft la véritable gloire des médecins, & pour l'utilité de la pratique , feul but de la théorie. L'auteur réunit de fuite les ouvrages relatifs à la même matiere, les écrits pour & contre la même méthode, les obfervations qui rapprochées, répandent la lumiere , féparées , le doute & l'obfcurité. Par ce moyen fimple & dépouillé d'oftentation , le lecteur s'inftruit fans que le maître fe montre ; & c'étoit tout l'art du Journalifte. Ses feuil-

les moins légeres & plus sûres que celles
de la Sybille , n'avoient rien de vénal.
On pouvoit tromper M. Roux , non le
corrompre. La vérité étoit dans son
cœur, lors même que l'erreur se trouvoit par hasard sous sa plume. Mais peu
d'écrivains se sont trompés aussi rarement,
soit par ignorance , ou par passion. A
deux querelles près , que lui suscita sa
franchise , nul journaliste ne s'est aussi
peu ressenti de l'esprit de nation ou de
corps , des préjugés de profession , du
pédantisme de ses fonctions, de l'influence
des opinions de société , des préven-
tions d'intérêt , soit conçues ou reçues,
de l'ascendant de son propre caractere ,
ou des insinuations d'autrui ; nul enfin ,
n'a moins porté ses sentimens dans ses
jugemens , d'autant plus qu'il déroboit
l'un & l'autre dans son journal , écrivant
presque, toujours avec sa raison, dans le
silence de ses affections ( *a* ).

---

( *a* ) On doit encore à M. Roux l'Édition
françoise de plusieurs ouvrages de chymie. En-

C'eſt cet eſprit de ſageſſe connu par
dix ans d'épreuve, c'eſt ſa ſageſſe autant

---

tr'autres il a conduit & dirigé la publication
des œuvres de Henckel. On y trouve beaucoup
de notes de ſa façon; & ſur-tout pour addition
au chapitre 3ᵉ. du *Flora ſaturniſans*, un tableau
raccourci, mais très-bien fait, de l'*analyſe végétale* de feu M. Rouelle, chef - d'œuvre de ce
grand homme, en matiere de chymie. L'œuvre
de *Henckel*, les traités du *ſoulphre* & *des ſels*
du célébre *Stahl*, une collection en deux volu-
mes des meilleurs mémoires de chymie, ſortis
de l'académie d'Upſal, tous ces ouvrages étrangers, ont été traduits par M. le Baron d'Holbach,
à qui la France eſt redevable en grande partie,
des meilleures connoiſſances, ſoit de chymie,
de phyſique, ou d'hiſtoire naturelle, que l'Al-
lemagne a fournies à l'accroiſſement des ſciences. Ce bienfaicteur déſintéreſſé des lettres, après
avoir groſſi nos richeſſes de ces traductions im-
portantes, renvoie à M. Roux le mérite d'en avoir
dirigé l'édition. Peu de gens honorent les morts
à leurs propres dépens; ſi cependant c'eſt perdre
quelque choſe du ſien, que de partager avec un
ami la gloire d'un travail utile, où l'on a voulu
l'aſſocier.

Une entrepriſe particuliere à M. Roux, eſt le
commencement d'une traduction des *leçons de*

que

que fa capacité qui fit jetter les yeux fur
lui, quand la faculté de médecine voulut ouvrir à Paris, dans fes écoles, un
cours public & gratuit de chymie. Il
falloit, outre les talens, trouver un
homme défintéreffé qui, malgré fes droits
& l'ufage, enfeignât fans honoraires, &
confacrât généreufement fes heures & fes
forces à donner des leçons affez difpen-
dieufes par leur nature.

Il falloit, pour la gloire du corps & du
profeffeur, que celui-ci fût accepté, fans
être nommé. Ce ne fut donc pas un facrifice légal, mais un dévouement vo-
lontaire. M. Roux s'offrit, & fut avoué

_____________

*chymie-médicinale & pharmacéutique* de *Lewis*,
faite d'après celles de *Newman*. Le traducteur
françois a enrichi de fes propres additions celles
de l'auteur anglois qui avoit commenté le chymifte allemand. On reconnoît fon efprit mé-
thodique & lumineux dans la partie du regne
minéral, la feule achevée. Elle a été imprimée
chez Cavelier ; & les quarante feuilles forties de
fous - preffe font regretter que la rédaction
entiere n'ait pu être finie par celui qui l'a com-
mencée.

D

par acclamation. Dans un mois, l'homme, le laboratoire, les inftrumens, les matieres, tout fe trouva prêt ; & l'école fut ouverte avec ce concours prodigieux d'auditeurs de tous les âges & de toutes les conditions, qui, loin de fe démentir, n'a fait que s'accroître pendant fix années confécutives. Des favans & des gens de lettres aimoient à s'y rencontrer. Des étrangers même commençoient à s'y rendre, attirés, quelques-uns par la réputation de M. Roux, d'autres par une connoiffance perfonnelle de fon favoir prodigieux. Mille voix peuvent témoigner avec quel ton de vérité fans enthoufiafme il révéloit les myfteres de la chymie. Loin d'exagérer ou le mérite de la fcience, ou les difficultés de l'art, il en écartoit l'érudition & l'étalage pédantefques, qui les avoient long-temps dérobés au vulgaire, parmi les hyérogliphes de l'alchymie & de la pharmacie.

Avec très-peu d'expériences, prefque fans appareil d'inftrumens, n'ayant ni une grande facilité de parler, ni cette adreffe

à manier les matériaux, qui donne à beaucoup de chymistes une espece de succès
théatral, mais très-souvent un air d'empi-
risme, il enseignoit autant de choses que
de mots. Chacune de ses leçons en épui-
soit le sujet, mais sans l'excéder, toujours
avec moins de pompe que de richesse ;
tant son esprit étoit plein de chaque objet. Donnant beaucoup sans rien promet-
tre, sa méthode & son élocution, comme
sa personne & sa conduite, vérifioient
en lui ce précepte du poëte qui sert d'é-
pigraphe à son éloge : on y voyoit sortir
l'éclat du sein de la simplicité, sans
que jamais les nuages interrompissent
le cours de la lumiere. Les impressions
qu'il faisoit n'étoient pas vives & inat-
tendues, mais durables & progressives.
Il ne laissoit point à l'esprit la liberté de
s'égarer, ni le besoin de méditer sur ce
qu'il avoit dit ; tellement une idée appel-
loit la suivante, & toutes demandoient une
continuité d'attention. Mais aussi presque sans autre peine que celle de l'assi-
duité, quiconque avoit assisté fidélement

à fes leçons, fe trouvoit à la fin de fon cours, inftruit, éclairé par une fuite de notions & d'idées mifes à leur place. Chaque connoiffance, d'après la maniere dont il les rangeoit toutes, portoit le germe & la curiofité d'une autre. Il mettoit entr'elles par l'enchaînement, cette efpece d'attraction ou d'affinité, dont la nature a lié tous les corps. C'étoit un efprit vraiment démonftrateur, qui n'échauffoit pas, mais éclairoit ; cher-chant plus à inftruire qu'à briller, & plus glorieux de féconder les idées d'autrui, que de faire valoir les fiennes. Trop pré-venu d'ailleurs contre les fyftêmes pour fe hâter d'en édifier, il aimoit mieux les oppofer entr'eux, & les mettre aux pri-fes, bien affuré qu'il fortiroit de leurs ruines plus de vérités que de leur ftruc-ture. C'eft à la fin de deux cours de chy-mie donnés à la fois, l'un aux écoles de médecine pour le public, l'autre chez lui pour les amateurs, que M. Roux eft mort le 28 Juin 1776. Une maladie peu confidérable en apparence, mais interne

& profonde, sans aucun symptôme allar-
mant, sans crises menaçantes, par des
progrès constans & cachés, l'a miné
vieilli, détruit, éteint en 12 jours (a).

---

(a) On a fait courir beaucoup de bruits faux &
ridicules sur cette mort ; & la célébrité de M.
Roux, ainsi que l'avidité du public pour l'ex-
traordinaire, a répandu & accrédité ces bruits
avec une précipitation qui n'a permis qu'à un
petit nombre de gens sages d'aller à la recherche
des faits. On a dit entr'autres faussetés, que M.
Roux s'étoit empoisonné par imprudence, en faisant le beurre d'arsenic.

Deux faits avérés & constans. 1°. C'est qu'il ne
s'est fait dans son laboratoire que quatre onces de
de beurre d'arsenic, & que M. Roux ne les a
pas faites lui-même. On les prépara d'après son
ordre ; elles furent mises dans un flacon en son
absence, & il ne reparut à son laboratoire que le
lendemain de ce travail. D'ailleurs, une aussi petite
quantité de beurre arsenical, qui se distille toujours dans la cheminée, ne sauroient empoison-
ner, si ce n'est par une malheureuse étourderie, dont
M. Roux n'étoit pas capable.

2°. Les victimes de l'arsenic périssent dans des
tourmens & des convulsions effroyables, lorsqu'elles en ont pris suffisamment pour être ent-

Sa mort eut le caractere de sa vie. L'une vint sans de vives souffrances, comme l'autre s'étoit passée sans de grandes passions. La gravité, le sens-froid, la raison, l'égalité l'accompagnerent jusqu'au trépas.

M. Roux étoit d'une taille moyenne, d'un teint basané par la bile, d'une physionomie sans traits saillans, d'une constitution robuste & saine, l'une & l'autre comme son esprit. Dur au travail, à la fatigue, aux souffrances mêmes, il étoit sujet depuis quelques années à des dou-

---

poisonnés : ou bien l'on tombe dans la plus extrême consomption, quand on en a pris trop peu pour en mourir promptement. Ainsi finissent ordinairement les ouvriers qui sont sacrifiés dans les mines au travail du cobolt & à la séparation de l'arsenic. Rien de pareil dans la mort de M. Roux.

Cette note est de M. d'Arcet, son ami de trente ans, qui l'a suivi jusqu'au dernier soupir, qui a fourni les principaux faits de son éloge, & qui par son mérite personnel réleve encore l'hommage qu'il rend à la mémoire de M. Roux.

leurs errantes qui faififfent beaucoup d'hommes à l'âge où les plaifirs les quittent ; trifte refoulement peut-être de cette fource de vie & de volupté, qui, trouvant fes canaux ufés ou obftrués, s'irrite & fe déborde dans le fang ou les humeurs, y fermente fous le nom de goutte ou de fciatique, & finit fouvent par étouffer l'individu déformais inutile à l'efpece.

Depuis long-temps M. Roux étoit affecté par intervalles d'une fenfation douloureufe de froid fur l'eftomac. Il l'éprouva pour la premiere fois en 1759 après de grands excès de travail ; & jamais il ne fe livroit fortement à l'étude, fans reffentir cette douleur. Le froid fur l'eftomac lui prenoit conftamment la nuit, & le réveilloit en furfaut. Le feul remede qu'il y eût trouvé, mais qui lui réuffiffoit toujours, c'étoit de mettre fon oreiller fur cette partie ; & bientôt la chaleur le délivroit de fon mal. Il s'en eft plaint fréquemment dans fa derniere maladie, fur-tout au commencement. C'eft donc l'application & le travail de tête qui doivent avoir abrégé fes jours, comme ils fuffoquèrent un de fes freres par une hydropifie de cerveau. Que de victimes pareilles on pourroit compter de l'amour des fciences ! Il faut les regretter, mais non les plaindre. Quand on voit le fléau de la guerre moiffonner les peuples & les chefs ; la navigation couter des milliers d'hommes pour les tréfors d'un luxe qui doit anéantir des nations ; les arts de fenfualité & de frivolité, dépeupler les campagnes pour corrompre les villes, & facrifier une portion de la plus précieufe claffe des hommes, aux impitoyables voluptés de la claffe la plus dévorante ; enfin, quand les travaux les moins néceffaires font une prodigieufe dépenfe de population, oféroit-on difputer à la propagation des fciences & des lumieres quelques poignées de jours, employés fouvent à réparer les maux que caufent fur la terre les paffions deftructrives, à éclairer l'humanité fur les erreurs qui l'affligent ou la ravagent, à chercher des remedes,

remedes physiques ou moraux contre l'abus que fait la tyrannie des facultés de l'homme, soit utiles ou nuisibles. Eh ! quelle est l'ame vraiment sensible à tous les malheurs de la société, qui n'ait devoué de bonne heure & son repos & sa vie à la noble passion de la félicité publique ? Des nations, des professions nombreuses ont mis leur gloire à braver la mort pour le faux honneur de la patrie, à s'immoler par générations entieres au fol & cruel espoir d'établir la domination d'un peuple sur la ruine de plusieurs ; & l'on craindroit d'user ou d'abréger, à des études profondes & sublimes, une courte vie que tant d'insensés prodiguent à des plaisirs honteux, à des services avilissans, à un commerce de dépravation, flétrissant pour tous les sexes & les âges ! Heureux encore celui qui peut mourir à la recherche des vérités utiles, & dire à son dernier soupir, je ne dois qu'à d'innocens & louables travaux les douleurs & les infirmités qui ont précipité la fin de ma carriere.

E

Ce fut la consolation de M. Roux, &
le dernier témoignage de sa conscience
droite & tranquille. L'étude avoit été
sa passion dominante, la seule qui lui eût
coûté des veilles & des excès ; encore
s'en étoit-il un peu corrigé pour le sou-
lagement de son estomac. Mais ses momens de dissipation étoient souvent des
heures d'instruction pour les autres ; car
il répandoit, sans peine comme sans em-
pressement, dans ses entretiens, le fruit
de ses longues études. Il savoit de tout,
& beaucoup de chaque chose ; l'histoire
& la géographie, soit des temps anciens
ou modernes, avec une exactitude qui
n'appartient qu'aux érudits de profession ;
l'agronomie, assez pour avoir mérité une
place dans la société d'agriculture de la
généralité de Paris. Toutes les matieres
d'économie civile, ou d'administration
publique, étoient du ressort de son esprit ; il les possédoit avec cette étendue
& cette profondeur d'intelligence qui en a
fait le domaine des meilleurs écrivains, &
avec cette supériorité de discussion qu'on

admire chez quelques philosophes qui s'en font occupés. Portant dans la physique cet esprit d'analyse qui fait la bonne métaphysique, il décomposoit les idées dans la conversation, comme les corps dans ses opérations de chymie. Pas un savant dans aucun genre utile qui ne l'écoutât avec plaisir exposer sur chaque matiere ce qu'il en avoit appris; & s'il n'instruisoit pas tout le monde, chose rare, il n'ennuyoit personne, quoiqu'avec un esprit sérieux, & même un dehors froid.

Né avec cette fierté que donne à chaque homme le sentiment de ses forces, soit qu'il les tire de la fortune ou de lui-même; sans blesser, mais aussi sans enfler l'orgueil des conditions, n'oubliant ni les déférences de l'usage, ni la dignité de l'homme indépendant, il voyoit plus volontiers ceux qu'il croyoit obliger que ceux dont il pouvoit espérer, plus disposé à rendre des services qu'à solliciter des graces.

Son désintéressement étoit si connu,

que beaucoup de perſonnes ſe faiſoient
ſcrupule de lui demander les ſecours de
ſon art. Ses amis mêmes furent ſouvent obligés de ſurprendre ſa délica-
teſſe, pour ſoulager l'inſtant de la re-
connoiſſance : mais s'il en recevoit les
témoignages, c'étoit comme dons du
cœur, non comme dettes.

Au nombre de ſes amis, il pouvoit
compter les hommes les plus recom-
mandables du ſiecle par leurs talens, ou
leurs écrits. Quelques-uns l'ont pleuré;
des domeſtiques l'ont pleuré; & c'eſt ho-
norer des philoſophes que de mêler ici
leurs larmes à celles du pauvre. Mais
une amitié digne d'être diſtinguée eſt
ſans doute celle d'une femme qui, par
les agrémens de ſon eſprit & les charmes
de ſon caractere, avoit ſu réunir chez elle
l'élite de tous les ordres de l'état à la ſociété des gens de lettres. Elle venoit de
laiſſer en mourant ſa montre & ſa pendule
à M. Roux : hélas ! ce n'étoit pas pour
ſonner ſi-tôt l'heure de ſa mort. Cependant la même horloge a frappé leur tré-

pas à six semaines d'intervalle ; & les gens de lettres ont essuyé coup sur coup ces deux pertes.

Celle de M. Roux est d'autant plus sensible qu'il devoit leur être aussi cher par la fermeté de son attachement que par ses rares connoissances. Jamais il n'abandonnoit l'absent à l'audace de la calomnie, portant les devoirs de l'amitié jusqu'à l'outrage de ceux qui blessoient ses amis, opposant l'accusateur à l'accusé pour défendre l'un par l'autre, démasquant l'envie pour couvrir le talent, & proportionnant toujours la chaleur de l'apologie à la fureur de la diffamation ; mais avec ce sentiment de conviction & d'impartialité qui protege les réputations attaquées, sans faire grace aux réputations usurpées.

Ennemi des fripons, des ignorans & sur-tout des charlatans, parce qu'ils sont l'un & l'autre, M. Roux avoit le courage de la vertu, qui est de poursuivre les vices odieux & les travers insultans : c'étoit quelquefois avec une ironie amere qui

E 3

pouvoit révolter les prétentions qu'il humilioit ; mais ce défaut de son caractere étoit le contre-poison de beaucoup de pestes publiques.

Je n'ignore pas que plusieurs de ses confreres, soit en médecine (a), soit en chymie, le trouvoient aigre dans la dispute, prompt à l'attaque, dur à la réplique, ardent à contredire, retif à céder, tranchant dans la discussion, & obstiné dans l'assertion ; en un mot, qu'on lui reprochoit ces défauts du cabinet qui blessent tant cet esprit malade & *souffreteux* d'un siecle énervé de politesse. Mais ce ne sont, j'ose le dire, ni les meilleurs ni les plus forts esprits qui se plaignoient de lui. Je le défends, & n'attaque personne. Sans doute il s'indignoit quelquefois, ( & c'étoit avec raison ) de l'injustice du sort des hommes, jusques dans la distribution de la renommée & des récompenses qu'elle attire, quand il

----

(a) Voyez l'extrait de la gazette de santé, n°. 41 jeudi 10 octobre 1776, page 161.

voyoit le nouvel initié parvenir à la place
du savant laborieux , le jargon l'emporter
fur l'étude , les prétentions étouffer les
droits , & les brigues agiter & bouleverfer
la république des lettres , pour fubftituer
à la liberté , mere des grands hommes &
des grands ouvrages , un efprit de divi-
fion & de domination , qui déja prépare
& commence la ruine infaillible des
fciences. Cet homme vrai , jufte , honnête , s'échauffoit , non pour fes intérêts ,
mais pour ceux de l'équité , paffion de
la raifon ; pour l'accroiffement des arts
utiles & de la fcience qu'il profeffoit ;
pour la confidération des gens de mérite
oubliés ou rebutés , qu'il eftimoit & ché-
riffoit. Cet homme étoit froid & rude ,
pour le méchant ou l'intriguant peut-
être ; mais fous cette écorce dure , les
embraffemens de l'amitié fentoient pal-
piter un cœur tendre , compatiffant &
vertueux ; mais l'humanité fouffrante
voyoit couler des larmes fur ce vifage
auftére. Véritablement ami des hommes ,
puifqu'il l'étoit des malheureux , il fe

paffionnoit contre les oppreffeurs, re-
gardoit comme trahifon & lâcheté l'indifférence pour le bien public, & croyoit
que c'étoit aimer la patrie & fon Roi
que de détefter les mauvais adminiftra-
teurs : mais tout cela, fans déclamations
impuiffantes, fans efprit de parti, fans
intérêt perfonnel, fans fiel & fans humeur, par le feul inftinct de la juftice &
de l'humanité; car s'il écrivoit fur la médecine, fans l'exercer, il pratiquoit la
vertu, fans en parler.

Perfonne n'eut plus que lui ces qualités fociales qui partent d'un bon naturel, ces attentions & ces manieres fim-
ples, également éloignées de la politeffe
qui recherche & de celle qui repouffe.
Il n'avoit que celle du cœur, qui fe ré-
pand avec franchife, candeur, affectuo-
fité, felon le befoin & le caractere des
perfonnes. On pouvoit juger par les fen-
timens qu'il témoignoit & qu'il infpiroit
aux enfans, combien il eût été bon pere
de famille. Auffi regrettoit-il que la fortune, toujours marâtre à fon égard, l'eût

empêché de suivre le vœu de la nature
pour l'état du mariage ; regret de presque tous nos célibataires d'économie,
qui flétrit & confond les apologistes de
ce siecle : car les peines mêmes & les
scandales des mariages mal assortis n'at-
testent que plus hautement les vices de
ce célibat, monstre qui n'engendre
rien, enfanté par le luxe qui dévore
tout.

Enfin, je le dirai malgré la persécu-
tion & le décri qui s'attachent à ce nom,
philosophe dans la plus pure acception
du terme, & d'autant plus qu'il l'affi-
choit moins, il remplit tous les devoirs
que ce titre impose, sans en ambitionner
la gloire vaine ou dangéreuse. Plus jaloux de savoir ou de connoître que d'ê-
tre connu, jamais il ne sacrifia rien à la
renommée, ni la droiture & la fierté de
son caractere, ni les heures de l'étude,
ni les douceurs de son loisir, ni la vertu,
ni le bonheur.

Plus insensible encore à la passion des
richesses qu'au desir de la célébrité, M.

Roux fit peu de chofe pour fa fortune.
Cependant l'amour du travail & de l'é-
tude l'avoit conduit à fe former un laboratoire de chymie affez bien fourni,
& un cabinet de livres nombreux & choi-
fis dans les meilleurs genres de fcience
& de littérature; cependant il jouiffoit
par fes travaux de cinq mille livres de
fente-annuelle, mais précaire, dont il
confacroit deux mille francs à des ac-
tions de bienfaifance ou de vertu. J'appelle action vertueufe le facrifice de
fes commodités ou de fes plaifirs, pour
donner une penfion de huit cens francs à
fon pere, qui n'avoit pas voulu le voir
au moment d'une féparation qui pouvoit… qui devoit être éternelle. M.
Roux eft mort fans la confolation d'entendre la voix, de toucher les mains de
ce pere qu'il n'avoit pas embraffé depuis vingt-cinq ans; & ce pere octo-
génaire, infirme, a le malheur encore
de furvivre à fon fils, qu'il aimoit fans
doute, puifqu'il en étoit fi religieufe-
ment chéri. Car ne croyons pas que cette

auſtérité paternelle aille ſans la tendreſſe, nous ſur-tout, enfans de la province, qui voyons dans la capitale, tous les liens de famille ne tenir qu'à de ſimples procédés, & preſque toute la douceur de la vie domeſtique ſe réduire à l'indifférence mutuelle de ceux qui la compoſent. Oui, citoyens de Paris, nous préférons la rigueur de notre éducation & la rudeſſe même de nos parens à cette molle & funeſte condeſcendance de vos vices pour ceux de vos enfans. J'en atteſte la mémoire de l'homme vertueux que je loue. Depuis long-temps il ſe propoſoit chaque année d'aller voir ce pere dont il a paru ſi durement traité. Que ne puis-je recueillir ſur ce papier les larmes d'un vieillard inconſolable ! En honorant le fils, elles abſoudroient le pere.

*Fin de l'Éloge.*

*Nous terminerons cet Éloge par l'ex-
trait d'une Lettre qu'un homme très-inf-
truit & d'un excellent efprit., ( M. N.)
a écrite fur M. Roux, dont il étoit le
difciple & l'ami.*

M. Roux réuniffoit une foule de connoiffances diverfes : mais ces connoiffances fouvent très-oppofées , & qui par
leur nombre & leur diverfité , fe nuifent
& s'entr'empêchent , pour ainfi dire ,
dans la tête de la plûpart des hommes ,
étoient finguliérement bien ordonnées
dans la fienne : Tout y étoit claffé &
rangé fous des dénominations précifes.
L'ordre, la clarté, l'exactitude & la précifion étoient même , à proprement parler , les caractériftiques de fon efprit, &
ces qualités fi néceffaires, fi rares fur-tout
chez les hommes qui, dans quelqu'art ou
fcience que ce foit , s'impofent la tâche
pénible d'inftruire les autres, fe faifoient
généralement remarquer dans fes leçons,
& les rendoit plus ou moins utiles, felon
le degré d'attention, de fagacité, d'apti-

tude & d'inftruction de ceux qui l'écou-
tôient.

J'ai fuivi affiduement fes cours pendant
quatre ans ; lorfque des affaires ou une
indifpofition m'obligeoient de manquer
une de fes leçons, j'étois prefqu'entiérement dérouté à la leçon fuivante : je ne
l'entendois plus : la liaifon des idées étoit
rompue : l'enchaînement des phénomenes ne m'étoit plus préfent : je fentois
qu'il me manquoit des vérités intermé-
diaires que je ne pouvois fuppléer : en
un mot, j'étois comme un homme tombé
tout-à-coup des nues au milieu de fon
laboratoire. Jamais philofophe n'a mieux
fu, peut-être, claffer fes idées : il faifoit rarement précéder celles qui devoient fuivre ; & lorfque par diftraction,
ou forcé par l'abondance & la diverfité
des matieres dont il devoit nous parler,
il lui arrivoit d'interrompre ou de chan-
ger l'ordre qu'il s'étoit préfcrit comme le
plus fimple, le plus naturel, & de dépla-
cer une idée, un fait, un phénomene,
ou d'anticiper, par quelque mot échap-
pé, fur les matieres dont il ne devoit

traiter que dans quelques-unes des leçons
suivantes , alors s'il s'en appercevoit , il
s'arrétoit subitement , & remettoit aussi-
tôt chaque chose à sa place. Le plus fouvent même , il évitoit de se servir de termes qui ne pouvoient être bien entendus
de ses disciples , qu'après leur avoir parlé
de tous les phénomenes qui devoient
précéder ou préparer celui où ce terme
quelconque pouvoit être intelligible pour
eux , & présenter à leur esprit des idées
claires & distinctes.

Il y a dans toutes les sciences des pro-
fesseurs , d'ailleurs fort instruits , dont
on peut manquer une ou deux leçons
sans y perdre beaucoup : on est à-peu près
sûr de leur entendre répéter , ou redire
en d'autres termes dans un autre temps,
ce qu'au milieu d'un grand nombre de
choses inutiles ou communes , ils ont pu
dire d'important huit ou quinze jours au-
paravant. Il est au contraire , des hommes d'un génie ardent, impétueux , qui
ne pouvant s'assujettir à aucun ordre, ni
suivre aucune méthode, se livrent comme
des especes d'inspirés , à l'enthousiasme

qui les domine, au dieu qui les agite,
& laissent errer à l'avanture leur tête
fougueuse sur toutes sortes d'objets, sans
se mettre en peine si ce qu'ils disent a le
moindre rapport au sujet qu'ils traitent.
C'est même presque toujours dans ces
momens d'orgasme & tout voisins du
délire, qu'ils révelent, sans s'en appercevoir, les mysteres de leur art dont ils
étoient le plus jaloux ; c'est alors qu'il
leur échappe involontairement une multitude de vérités neuves, d'idées vastes,
profondes & sublimes, inintelligibles
pour la plupart de ceux qui les écoutent,
très-claires pour des esprits plus avancés,
& d'autant plus précieuses à recueillir,
que, sortant en foule, & pour ainsi dire,
tumultueusement, de leur tête, s'ils ne
les mettoient pas au jour, au moment
même où ils en sont comme obsédés ;
elles ne se présenteroient jamais à leur
esprit, & seroient perdues pour eux &
pour les autres.

Il n'en étoit pas de même de M. Roux :
comme il se renfermoit scrupuleusement

dans son sujet sans se permettre aucune excursion, qu'il ne disoit que ce qu'il étoit utile de savoir & ce qu'il étoit temps d'apprendre au moment où il parloit ; quand on avoit manqué une de ses leçons, il étoit impossible, même avec beaucoup de sagacité, de vues & de connoissances chymiques, de trouver les fils imperceptibles & souvent très - subtils, à l'aide desquels il savoit lier entr'eux les phénomenes en apparence les plus opposés, & appercevoir des rapports entre des vérités éloignées, & par - là même, presque stériles. C'étoit alors un nouvel ordre de choses ; & plus il parloit, plus celui qui l'écoutoit, & qui n'avoit pas entendu la leçon précédente, sentoit la perte qu'il avoit faite, & le vuide qu'elle laissoit dans son esprit. *Tantùm series juncturaque pollet.*

Il y avoit, peut-étre, de plus grands chymistes que M. Roux ; des manipulateurs plus habiles ; des artistes plus consommés encore dans l'art difficile de faire des expériences ; des hommes doués

plus

plus que lui de cet inſtinct, de cet eſprit
de divination que les anciens ont eu quelquefois, qu'on ne peut pas, à parler
exactement, appeller génie, & qui cependant ſe trouve rarement ſans lui; mais
je n'ai gueres vu d'homme plus capable
par le caractere & la tournure particuliere
de ſon eſprit, d'étendre le domaine de
la vérité, de ſuivre & de vérifier les découvertes des autres, de les conſtater,
de les perfectionner, de lier, à l'aide
d'une vérité nouvelle dont ſouvent l'in-
venteur ne connoît ni ne ſoupçonne pas
même la fécondité, des phénomenes
juſqu'alors iſolés, & jeter par ce moyen
du jour ſur quelques myſteres de la nature; c'eſt que le génie qui invente les
choſes eſt peut - être le moins propre à
inſtruire les autres. Il y avoit plus à pro-
fiter dans un ſeul cours de M. Roux,
que dans deux ou trois cours faits ſous
quelques-uns des plus grands chymiſtes
connus : c'eſt un fait dont ceux qui ont
ſuivi leurs leçons & les ſiennes, con-
viennent unanimement; ce qui prouve,

F

pour le dire en paffant, combien les progrès que deux enfans, auxquels on suppofe d'ailleurs un degré égal d'intelligence & d'aptitude, peuvent faire dans toute efpece de fcience ou d'art, dépendent de la méthode qu'on fuit pour les inftruire; car il ne fuffit pas feulement de dire des vérités utiles ; il faut encore avoir le talent plus rare qu'on ne penfe, de les préfenter avec ordre & clarté, d'en faire voir les rapports fouvent très-fecrets & très-déliés, d'en tirer les conféquences prochaines & éloignées, de faifir les analogies les plus cachées, d'affigner avec précifion les limites du vrai & du faux dans chaque queftion; limites réelles que le fceptique par fes fophifmes captieux s'efforce envain de confondre & de faire évanouir, mais que tout homme fincere avec lui-même, & qui a de la logique, ne perdra jamais de vue. Si, comme on eft forcé de l'avouer, il y a dans toutes les fciences un certain nombre de queftions fur lefquelles il fera long - temps encore permis à tout bon esprit de s'en tenir à la devise de Montagne, il est également vrai que sur ces questions même, & par conséquent sur les connoissances humaines en général, dont les sceptiques contestent indistinctement la certitude, il y a un terme où le Pyrrhonien doit nécessairement s'arrêter, & au-delà duquel le scepticisme n'est plus qu'une philosophie d'enfans.

Ce qui rendoit les leçons de M. Roux plus utiles encore, c'est qu'indépendamment de son plan & de sa méthode d'instruction très-propres à accélérer les progrès de ses éleves, il avoit sur les différens objets de la science dont il s'occupoit, une érudition très-étendue, très-variée & d'autant plus curieuse, que ces fortes de connoissances se trouvent rarement parmi les meilleurs chymistes. Jamais il ne parloit d'une substance végétale, qu'il n'en fit en peu de mots l'histoire naturelle. Commençoit-il l'analyse d'une plante ? Il nommoit le pays où elle croissoit, indiquoit la maniere dont on la cultivoit, celle dont on la recueilloit, expofoit rapidement, & fans s'appéfantir fur des détails connus ou peu intéreffans, les ufages généraux, & particuliers de cette plante dans le pays où elle étoit née, & dans celui où on l'avoit tranfplantée, ainfi que les fecours réels ou fuppofés qu'elle avoit fournis à la médecine. Traitoit-il d'une fubftance minérale ou métallique ? Il en faifoit de même l'hiftoire naturelle : il parloit de fa mine, du pays & du lieu où elle fe trouvoit en plus grande abondance, de la maniere dont on l'y exploitoit ; des travaux en grand & en détail relatifs à cette exploitation, de fon utilité dans les arts & dans les remedes pharmaceutiques : en un mot, on étoit étonné de la multitude de fes connoiffances fur les arts, l'hiftoire naturelle, la botanique, la phyfique & la géographie.

Tous fes pas dans la recherche de la vérité étoient lents & timides, mais d'autant plus fûrs, qu'ils avoient toujours pour bafe l'expérience. C'étoit le feul guide qu'il reconnût, & auquel il fe confiât. Il s'arrêtoit quand & toutes les fois qu'elle l'abandonnoit, & ne faifoit jamais un pas au-delà de celui où elle l'avoit conduit. Toujours en garde contre l'analogie & l'induction qui, dans toutes les fciences où elles peuvent avoir lieu, mais particuliérement en phyfique, en chymie & en hiftoire naturelle, mettent fur la voie, égarent fouvent, & inftruifent quelquefois, il les confultoit avec faga-cité, les fuivoit avec précaution, & ne s'en fervoit gueres que pour jeter en paffant quelque lueur foible fur une théorie obfcure & difficile, ou pour faire des conjectures plus ou moins heureufes qu'il donnoit pour telles. L'efprit de fyftême lui paroiffoit, en général nuifible aux progrès des connoiffances humaines. Ce n'eft pas que dans toute efpece de fcience, il ne faille toujours commencer par une idée fyftématique ; mais c'eft enfuite à l'expérience à l'étayer, à lui don-ner une bafe folide, à en conftater la vérité, en faifant voir que la théorie eft prefque dans tous les cas connus ou fupposés, d'accord avec les phénomenes ; enfin à la ranger dans la classe nombreuse des hypotheses, ou peut-être à la détruire entiérement. L'esprit de systême vraiment nuisible, est celui qui fait négliger l'expérience & l'observation pour inventer des théories plus ou moins ingénieuses sans avoir assez de faits, ou sans s'inquiéter si ceux qui sont déja connus & constatés , confirment ou renversent les suppositions dont on est parti. Voilà l'esprit de systême dont M. Roux étoit l'ennemi, & qui enrayoit encore, selon lui, le char toujours trop lent de la vérité ; aussi ne se permettoit-il jamais dans ses leçons de donner l'æthiologie d'un procédé avant de l'avoir constatée par l'expérience ; j'en pourrois citer ici plusieurs exemples , mais je me borne au suivant.

L'augmentation de poids dans les chaux métalliques, est un fait connu de tous ceux qui ont quelques notions de chymie. On sait que si on calcine cent liv. de plomb , on en retire environ cent dix livres de chaux. La cause long-temps

inconnue de ce phénomene extraordi-
naire, & bien digne par fon importance,
d'occuper les grands chymiftes, étoit
encore ignorée. Chacun s'empreffoit à
l'envi à la découvrir : une théorie fuccé-
doit à une autre théorie : tous les mois
les journaux ou les *cotteries* chymiques,
( car la chymie a auffi les fiennes ), annonçoient avec des éloges trop fouvent em-
phatiques de nouvelles folutions de ce
problême. M. Roux lifoit tout, exami-
noit tout, jetoit, fi j'ofe m'exprimer
de la forte, toutes ces différentes hypo-
thefes dans le creufet de l'expérience,
& s'occupoit en filence à détruire ou à
conftater par de nouvelles tentatives
faites avec autant de foin qu'imaginées
avec fagacité, les théories fouvent très-
oppofées que les chymiftes de profeffion,
& ceux qui croient l'être parce qu'ils
ont un laboratoire, publioient avec plus
ou moins de confiance ; mais ne trouvant
point dans ces diverfes théories le degré
d'évidence qu'il defiroit pour déterminer
fon choix, il s'arrêtoit & fufpendoit fon

Jugement. Il se contentoit d'exposer avec clarté & impartialité dans ses cours chacune de ces hypotheses, en faisoit sentir le foible, & ne se permettoit pas, au moins en public, la plus legere conjecture sur la cause de ce phénomene. Je pourrois, nous disoit-il, faire à ce sujet un systême comme tant d'autres, & vous donner même des explications qui vous paroîtroient satisfaisantes; mais j'agirois contre mes principes & ma propre conviction : je vous éblouirois sans vous éclairer, & je vous tromperois. Attendons du temps & de l'expérience quelque chose d'exact & de précis sur ce point, & sur beaucoup d'autres aussi obscurs & non moins importans. Il vaut mieux avouer sincérement son ignorance que de balbutier des mots, & se faire pitié à soi-même & aux autres.

*F I N.*